Land und Leute kennenlernen

# FRANKREICH

# FÜR KINDER


**Louisa Somerville**

**unter Mitarbeit von**
**Béatrice Rios und Camille Pataut**

**Illustriert von Roger Fereday**
**Gestaltet von Mary Cartwright**

**Inhalt**




*ars edition*

# Karte von Frankreich

Frankreich ist flächenmäßig das größte Land Westeuropas. Es wird vom Meer begrenzt und es hat Grenzen auf dem Festland. Diese Karte gibt dir einen ersten Überblick.

### Französische Wörter

Sie sind schräg gedruckt wie hier: *moules*. Jedes Wort wird erklärt oder ins Deutsche übersetzt und steht dann in Klammern, z.B. *moules* (Muscheln).

### Frankreich in Zahlen

Frankreich hat ungefähr 55 Millionen Einwohner.

Die Hauptstadt ist Paris (8,7 Mio. Einwohner).

Die fünf wichtigsten Städte nach Größe geordnet: Paris, Lyon, Marseille, Lille, Bordeaux.

Der höchste Berg ist der Mont Blanc. Mit 4807 m ist er auch der höchste Berg Europas.

Der längste Fluß ist die Loire. Sie ist 1020 km lang.

### Frankreich und Europa

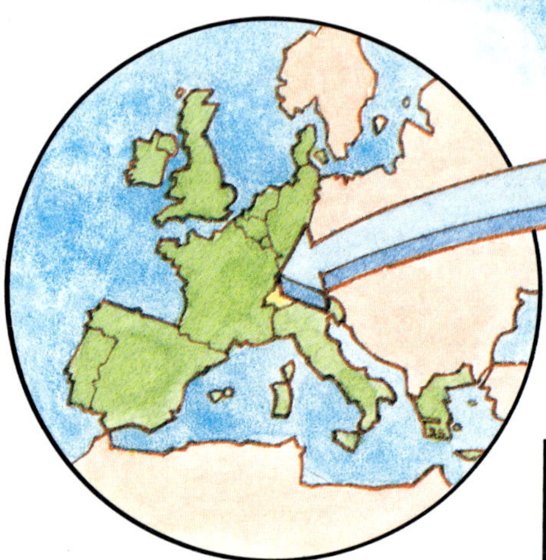

Frankreich ist einer der zwölf Mitgliedstaaten der Europäischen Gemeinschaft (EG). Die EG-Länder sind auf der oben abgebildeten Karte grün.

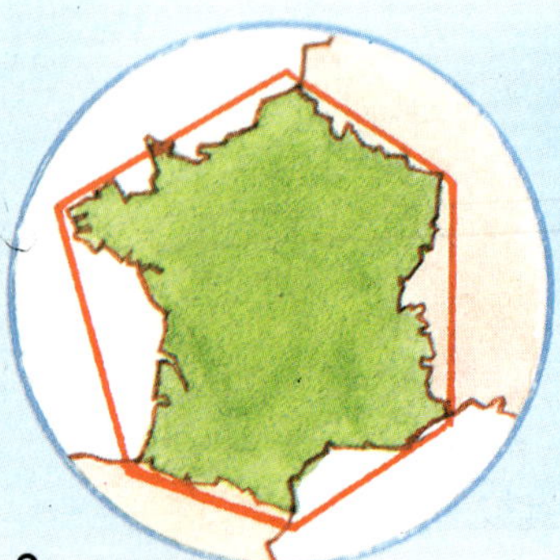

### So sieht Frankreich aus

Frankreich paßt in die Form eines Sechsecks. Es wird an drei Seiten vom Meer begrenzt. An zwei Seiten bilden Gebirge natürliche Grenzen. Im Nordosten allerdings gibt es – abgesehen vom Rhein – keine natürliche Grenze. Auch von einem Teil der Bevölkerung Belgiens und Luxemburgs wird französisch gesprochen.

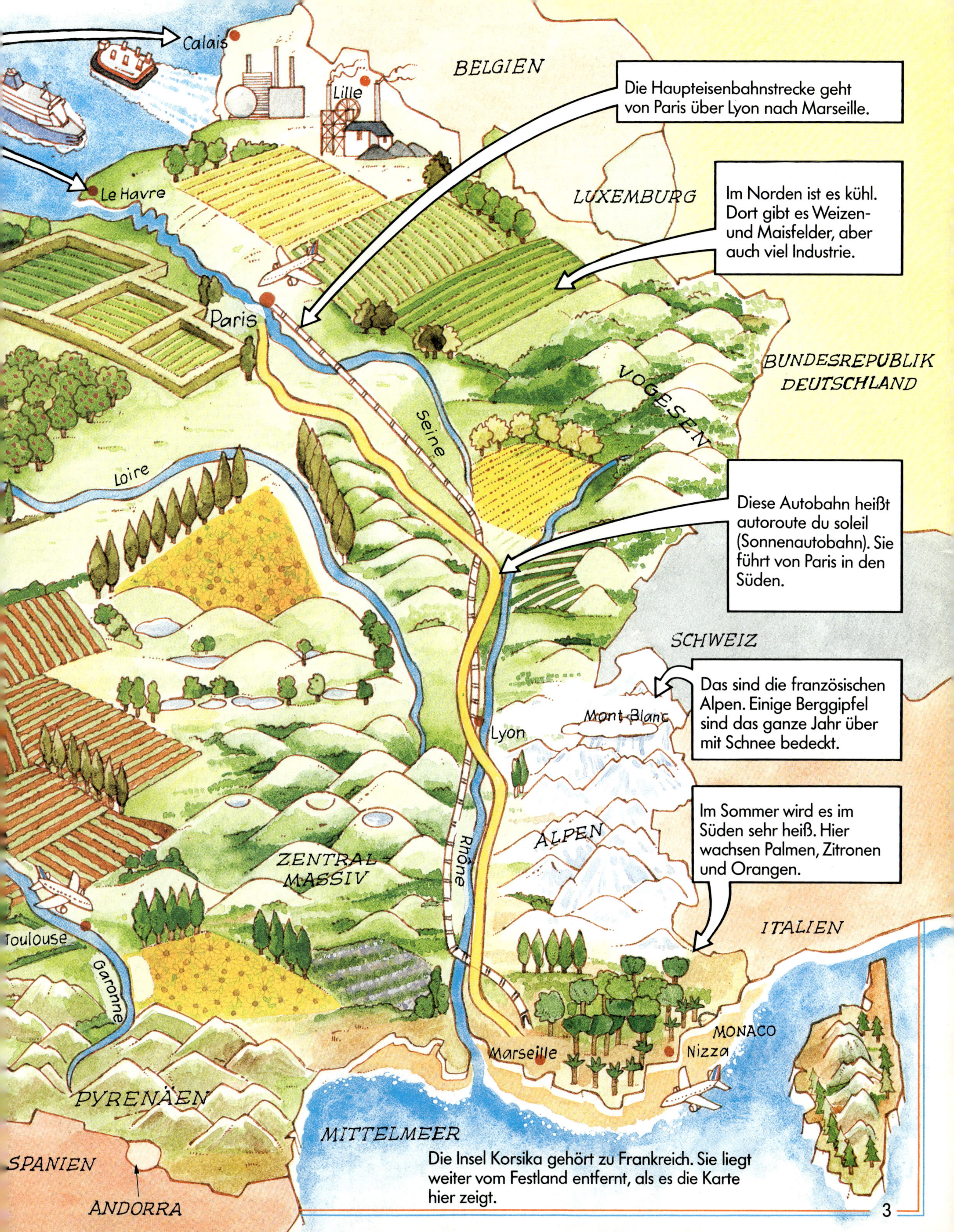
Calais
Lille
BELGIEN
Die Haupteisenbahnstrecke geht von Paris über Lyon nach Marseille.
Le Havre
LUXEMBURG
Im Norden ist es kühl. Dort gibt es Weizen- und Maisfelder, aber auch viel Industrie.
Paris
BUNDESREPUBLIK DEUTSCHLAND
VOGESEN
Seine
Loire
Diese Autobahn heißt autoroute du soleil (Sonnenautobahn). Sie führt von Paris in den Süden.
SCHWEIZ
Das sind die französischen Alpen. Einige Berggipfel sind das ganze Jahr über mit Schnee bedeckt.
Mont-Blanc
Lyon
ALPEN
Im Sommer wird es im Süden sehr heiß. Hier wachsen Palmen, Zitronen und Orangen.
ZENTRAL-MASSIV
Rhône
ITALIEN
Toulouse
Garonne
MONACO
Marseille
Nizza
PYRENÄEN
MITTELMEER
SPANIEN
Die Insel Korsika gehört zu Frankreich. Sie liegt weiter vom Festland entfernt, als es die Karte hier zeigt.
ANDORRA

# Zu Hause und in der Schule

Die Franzosen haben einen eigenen Lebensstil. Auf diesen beiden Seiten siehst du, welche alltäglichen Gebräuche sich von unseren unterscheiden und welche unseren ähneln.

## Ein Tag bei Sébastien

»Ich heiße Sébastien und bin zehn Jahre alt. Ich stehe um halb acht auf, wenn Papa zur Arbeit geht.«

»Das Frühstück spielt keine große Rolle bei uns. Ich esse nur ein Butterbrot, das ich in einen *bol* (Schale) heißen Kakao tunke.«

»Die Schule beginnt um halb neun. Meine kleine Schwester Marie geht in die *école maternelle* (Vorschule bzw. Kindergarten).«

»Das sind meine Freunde Romain, Abdul und Pedro. Abdul kommt aus Algerien und Pedro aus Spanien. Romain ist in Frankreich geboren.«

## Die Begrüßung

Wenn sich Franzosen treffen, schütteln sie sich immer die Hand oder küssen sich, wenn sie befreundet oder verwandt sind. Je nachdem, aus welchem Gebiet sie kommen, küssen sie sich einmal oder mehrmals auf jede Backe. Daran müssen sich Ausländer erst gewöhnen.

## Der Mittwoch

Für die meisten Kinder ist mittwochs keine Schule. Früher mußten sie an diesem Tag zum Religionsunterricht gehen.

Heute besuchen viele einen Club, z.B. den Sportverein oder die Pfadfinder.

Wer in den Bergen wohnt, kann mittwochs skifahren.

## Das Wochenende

Am Samstagmorgen ist Schule. Das restliche Wochenende verbringen die Kinder meistens mit ihren Familien und Freunden.

Sonntags besuchen viele Familien ihre Verwandten. Höhepunkt ist das Mittagessen. Oft dauert es stundenlang, da es aus vielen einzelnen Gängen besteht.

## Essen auf französisch

Hier ein paar Tips, wenn du essen willst wie die Franzosen.

Verwende eine Serviette, denn oft gibt es Essen, bei dem man die Finger benutzt. ▶

Sag nicht gleich igitt, wenn es etwas gibt, was du nicht kennst. Erst probieren! ▶

Halte die Gabel in der rechten Hand, und schiebe mit etwas Brot das Essen auf die Gabel. ▶

Mit dem Brot kannst du auch die Soße auftunken. ▶

Leg Messer und Gabel nebeneinander auf den Teller, wenn du fertig bist. ▶

### Wasser und Brot

Zum Essen gibt es immer Brot und einen Krug Wasser. Viele Leute trinken aber auch Wein oder Mineralwasser dazu.

»Wir haben am Tag zwei große Pausen. Einige Kinder machen Hüpfspiele, aber wir spielen lieber Fußball.«

»Die Mittagspause dauert zwei Stunden. Ich gehe nach Hause, aber Romain und Abdul essen in der Schulkantine, weil ihre Mütter arbeiten.«

»Um halb fünf ist die Schule aus. Schau dir meinen vollen Schulranzen an! Die Lehrer geben uns immer eine Menge auf.«

»Zu Hause lege ich mich erst mal mit einem Brötchen mit Schokolade vor den Fernseher.«

»Um sieben Uhr, wenn Papa nach Hause kommt, gibt es Abendessen. Bevor ich einschlafe, lese ich noch Comics, z.B. die Abenteuer von Asterix dem Gallier.«

## Sébastiens Haus

Wie viele Franzosen wohnt Sébastien in einem Einfamilienhaus. Neben dem Auto ist das Mofa in Frankreich sehr wichtig.

# Essen und Trinken

Frankreich ist berühmt für seine leckeren Speisen und Weine. Die Franzosen sind stolz auf ihr Essen und verwenden viel Zeit für die Zubereitung. Schon die Kinder lernen kochen.

Gekochte Artischockenblätter stippt man in geschmolzene Butter oder *vinaigrette* (Essig-Öl-Soße). Nur die weichen Teile der Blätter essen!

Weinbergschnecken mit Knoblauchbutter.

Champagner ist die edelste aller Sektsorten – ein Getränk für Festlichkeiten.

Fast überall in Frankreich wächst Wein. Bordeaux ist eine der berühmten Weingegenden.

*Fondue savoyarde* ist heißer geschmolzener Käse mit Weißwein. In das zähflüssige Gemisch taucht man an einer langen Gabel Weißbrotwürfel.

In der Bretagne werden Muscheln an der Felsküste gesammelt. In Weißwein gekocht, ergeben sie eine Delikatesse.

In Frankreich gibt es mehr als 350 verschiedene Käsesorten. Eine Besonderheit ist der Roquefort, der in Höhlen unter der Erde reift.

Die Oliven der Provence werden meist zu Olivenöl verarbeitet.

## Wie Wein gemacht wird

Wein wird aus gepreßten Trauben gemacht. Aus den grünen macht man Weißwein, aus den blauen Rosé oder Rotwein. Der Saft wird in hölzerne Fässer gepumpt und verwandelt sich mit der Zeit in Wein.

Später wird der Wein in Flaschen gefüllt und in dunklen, kühlen Kellern bis zur Reife gelagert.

## Im Café

Franzosen gehen gern ins Café, um eine Kleinigkeit zu essen oder etwas zu trinken. Meistens kann man auch draußen auf der Straße sitzen.

Das ist *diabolo-menthe*, ein erfrischendes Getränk aus Pfefferminzsirup und Limonade.

Starker schwarzer Kaffee wird in kleinen Tassen serviert, mit Würfelzucker dazu.

Für ein französisches Sandwich (*baguette* mit Käse oder Schinken) brauchst du einen großen Mund.

## Ein Getränk zum Selbermachen

An heißen Tagen trinken die Leute gern *citron pressé*:

Presse eine Zitrone aus. Füll ein Glas mit kaltem Wasser auf. Jetzt fehlen nur noch ein paar Eiswürfel und ein wenig Zucker.

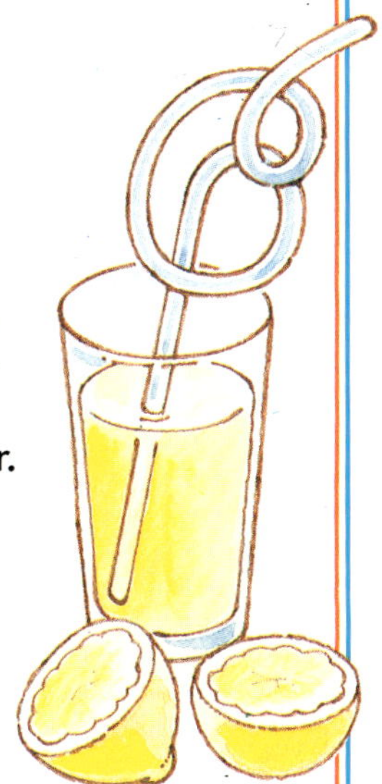

## Gerichte mit Geschichte

König Heinrich IV. wurde der »gute König« genannt. Unter seiner Herrschaft sollten die Armen sonntags ein Huhn essen können.

Die *tarte Tatin* heißt nach der Wirtin Madame Tatin. Sie ließ einen Apfelkuchen kopfüber auf den heißen Herd fallen.

Der Zucker karamelisierte, und der Kuchen schmeckte noch besser.

## Rezept für Tarte Tatin

120 g weiche Butter
270 g Zucker
1 kg saure Äpfel
180 g Blätterteig (fertig gekauft)
bei 220 °C backen

◀ Verteile die Butter auf dem Boden der Kuchenform.

◀ Streue den Zucker darüber.

◀ Die Äpfel schälen, achteln, das Kernhaus entfernen und in die Form legen.

◀ Den Teig zu einer runden Platte ausrollen, mehrmals mit einer Gabel einstechen und über die Äpfel legen.

◀ Etwa 40 Minuten backen, bis der Kuchen goldbraun ist.

◀ Nun vorsichtig stürzen, so daß das Karamel über den Kuchen läuft. Vorsicht, verbrenn dich nicht!

Du kannst die *tarte Tatin* heiß oder kalt und, wenn du willst, mit Sahne essen.

# Stadt und Land

Viele Städte haben im Zentrum einen Platz mit Läden und Cafés. Meistens ist das der älteste Teil der Stadt.

Dies ist ein altes Haus mit Balkonen und Fensterläden. In der Mitte ist ein Innenhof.

In den Außenbezirken werden moderne Häuser und Wohnblocks gebaut.

Die französische Fahne weht vom *Hôtel de Ville*. Das ist das Rathaus, kein Hotel!

Die oder der *concierge* (Hausmeister/in) kennt jeden Mieter im Haus und verbreitet alle Neuigkeiten.

In diesen Kiosken und in Bars werden Lotterielose verkauft.

Ein Denkmal für die Gefallenen der beiden Weltkriege.

Wie bei uns haben viele alte Straßen Kopfsteinpflaster.

Das grüne Kreuz weist auf eine Apotheke hin.

Man trifft sich in den Cafés, die von frühmorgens bis spät in der Nacht geöffnet haben.

Hier gibt es nicht nur Zigaretten, sondern auch Briefmarken.

## Außergewöhnliche Städte

Le Puy thront auf Vulkanfelsen. Hunderte von Steinstufen führen zu der Kapelle auf dem Gipfel.

Auf der Insel Mont-St-Michel wurde vor fast 1000 Jahren ein Kloster gebaut. Eine Stadt wuchs drumherum. Auf einem Damm führt eine Straße auf die Insel.

Carcassonne sieht mit seiner alten Stadtmauer, der Zugbrücke, dem Burggraben und dem Schloß noch genauso aus wie im Mittelalter.

## Dächer

Oft kannst du an den Dächern erkennen, in welcher Gegend in Frankreich du dich befindest.

Im Elsaß haben die Häuser hohe, steile Dächer.

Die Lehmziegeldächer in der Provence sind seit der Römerzeit gleichgeblieben.

Glasierte Ziegel in dekorativen Mustern gibt es in Burgund.

Auf den Strohdächern in der Normandie wachsen oft Blumen.

## Das Leben auf dem Land

Viele Leute leben in kleinen Dörfern mit einer Kirche, einem Café und ein paar Läden oder auf Bauernhöfen.

Früher machten die Milchbauern den Käse selber. Heute wird er meist in Fabriken hergestellt.

### Die Käseherstellung

Im Sommer wird in den Bergen der Käse aus Kuh-, Ziegen- oder Schafsmilch gemacht und im Herbst auf den Märkten verkauft.

Saure Milch wird mit Lab, einer Säure, eingedickt. Diese Masse wird in Formen gefüllt.

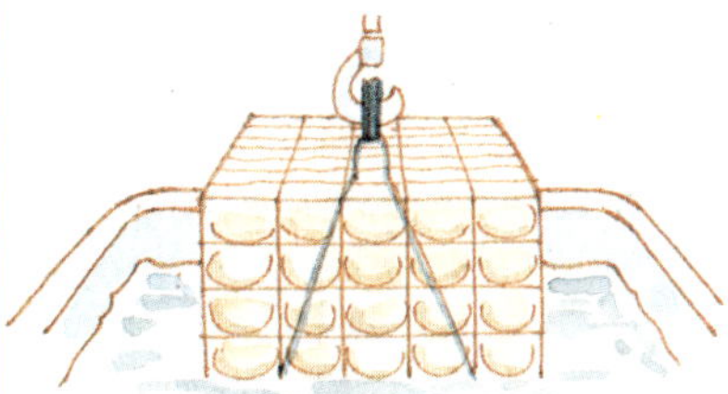

Langsam tropft die Molke aus dem Quark. Nun wird Salz hinzugefügt.

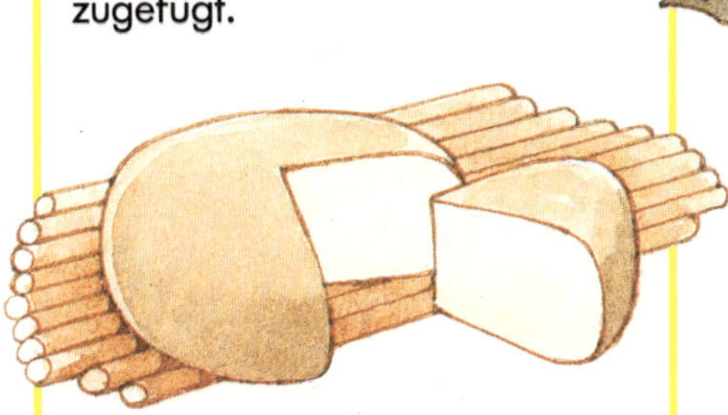

Die Käselaibe läßt man trocknen. Bald wächst außen eine Rinde. Innen reift der Käse.

### Tiere

Diese Tiere gibt es auf dem Land. Manche von ihnen sind sehr selten.

# Reisen in Frankreich

Es gibt viele Möglichkeiten, in Frankreich zu reisen. Wegen der schlechten Verkehrsverbindungen auf dem Lande besitzen die meisten Franzosen ein Auto. Mit diesem Bild läßt sich ein Spiel machen: Wer unterwegs eines der gezeigten Dinge sieht, bekommt einen Punkt.

Die meisten Autobahnen sind kostenpflichtig. Das Schild *péage* (Maut) weist darauf hin.

Lastwagen und Busse haben Schilder mit der erlaubten Höchstgeschwindigkeit.

Diese Pfeile zeigen Ferienstraßen an. Das sind besonders schöne, ruhige Straßen.

Manchmal regelt ein Polizist mitten auf der Straßenkreuzung den Verkehr.

Die Ampeln schalten von rot sofort auf grün. Gelb leuchtet nur auf, bevor es wieder rot wird.

Jeder über 14 Jahre darf Mofa fahren. Viele Schüler fahren damit zur Schule.

Die meisten Franzosen fahren ein französisches Auto, z.B. Renault, Peugeot oder Citroën.

Diese Männer spielen *boules*, ein Spiel mit Kugeln.

Dies ist der auf den Straßen häufig zu sehende Citroën 2 CV. Das bedeutet Deux Chevaux (zwei Pferde). Bei uns nennt man den Kleinwagen »Döschwoh« oder »Ente«.

### Luftpioniere

◀ Die Gebrüder Montgolfier erfanden 1783 den Heißluftballon. Die ersten Passagiere waren eine Ente, ein Schaf und ein Hahn.

Louis Blériot war der erste Mensch, der über das Meer flog. Er überquerte 1909 den Ärmelkanal. ▶

## Geschwindigkeitsrekorde

Das Überschallflugzeug Concorde wurde gemeinsam von französischen und britischen Firmen gebaut. Es ist das schnellste Passagierflugzeug der westlichen Welt. Es fliegt von Paris nach New York in weniger als vier Stunden.

Der Hochgeschwindigkeitszug TGV *(Train à Grande Vitesse)* erreicht eine Höchstgeschwindigkeit von über 500 km/h. Da der TGV spezielle Schienen braucht, fährt er nur auf wenigen Strecken.

## In Paris unterwegs

Die Pariser U-Bahn heißt Métro (eigentlich *Métropolitain*). Manche Stationen tragen die Namen berühmter Orte und Leute, z.B. Victor Hugo (ein Schriftsteller).

Schau dir die hübschen Jugendstil-Eingänge an!

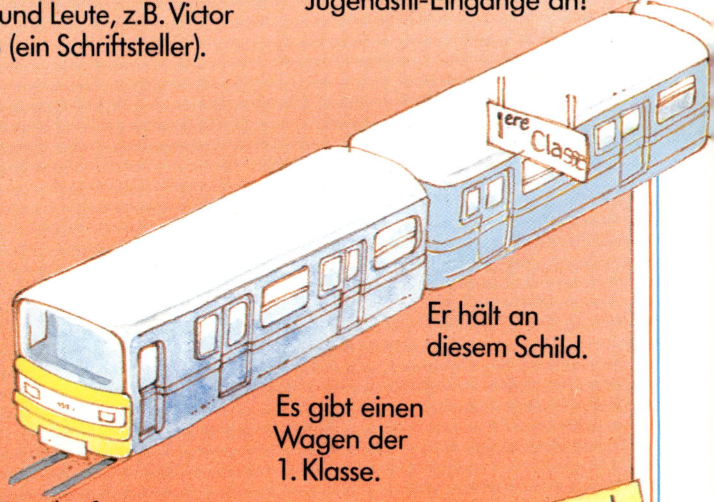


Er hält an diesem Schild.

Es gibt einen Wagen der 1. Klasse.

Die Züge laufen leise auf Gummirädern.

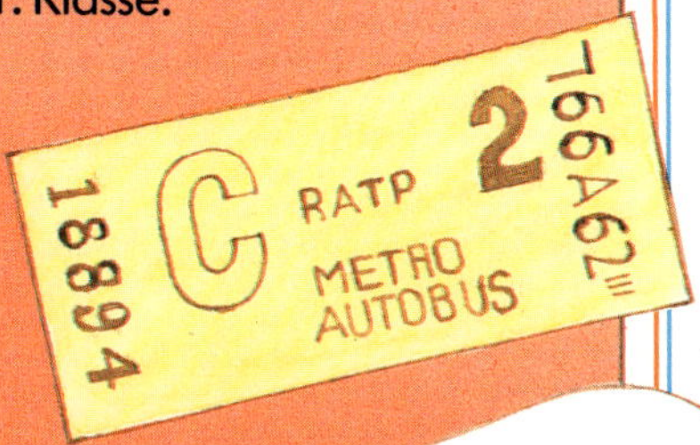


Für die Métro und für Busse gelten die gleichen Fahrkarten.

## Busse

In Paris sind die Busse grün-weiß.

Ein Plan an der Haltestelle sagt dir, wo du bist und wie die nächsten Haltestellen heißen.

Man steigt vorne ein und hinten aus.

Normalerweise mußt du vor dem Einsteigen einen Fahrschein kaufen. Er wird dann im Bus entwertet.

Bevor du auf den Bahnsteig gehst, mußt du deine Fahrkarte entwerten.

Solche Dieselzüge fahren auf den Nebenstrecken im Nahverkehr.

Die Franzosen lieben ihre Eisenbahn, die SNCF.

Dieses Schild zeigt, wann Gottesdienste stattfinden.

Wie bei uns steht am Ortseingang jeder Ortschaft ein Ortsschild. Am Ortsausgang ist der Ortsname durchgestrichen.

Viele Güter werden auf Kanalschiffen transportiert, weil das billig ist. Die Binnenschiffer leben auf ihren Frachtern.

Während der Weinernte kannst du solche Traktorengespanne sehen. Es ist eine alte Sitte, ihnen zuzuwinken.

# In den Ferien

Die meisten Franzosen machen im August Ferien. Straßen, Strände und Zeltplätze sind dann sehr voll. Kinder gehen oft in *colonies de vacances* (Ferienlager). Auf dieser Seite lernst du zwei der beliebtesten Feriengebiete kennen.

## Die Côte d'Azur

Manche mögen's heiß und fahren an die Côte d'Azur. Dort kann man sich am Strand räkeln und im warmen Mittelmeer baden.

Die schönste Straße zwischen Nizza und Menton heißt Grande Corniche. Sie schlängelt sich durch die Berge, und man hat oft die tollsten Blicke aufs Meer.

St-Paul ist eines der Städtchen, die zum Schutz vor Angriffen auf einen Berg gebaut und von Mauern umgeben wurden.

In den Parfümfabriken von Grasse kannst du sehen, wie aus Pflanzen Parfüm gemacht wird.

In Nizza ist eine Modellstadt aufgebaut, die mit lebensechten Szenen zeigt, wie die Leute früher gelebt haben.

Monte Carlo (Fürstentum Monaco) ist berühmt für sein Casino und sein Spieluhren-Museum.

In Biot kann man Glashütten besichtigen und Glasbläsern bei der Arbeit zusehen.

Die Côte d'Azur liegt im Süden Frankreichs.

Vallauris ist berühmt für seine Keramik. Wie früher werden die Töpfe von Hand geformt und im Holzofen gebrannt.

*Bouillabaisse* ist eine Suppe, gekocht aus vielen Sorten Fisch.

## Bootsferien

Flüsse und Kanäle durchziehen ganz Frankreich. Man kann Hausboote mieten – Fahrräder am besten gleich dazu – und so das Land gut kennenlernen.

## Camping

Camping ist sehr beliebt. Campingplätze gibt es am Strand, in Wäldern und auch auf Bauernhöfen.

## Die Bretagne

An der felsigen Küste der Bretagne findest du Sandbuchten, kleine Fischerdörfer und Inseln. Die Bretonen tragen bei ihren Festen farbenprächtige Trachten.

### Unterkunft

Wenn man sich ein *gîte* (Ferienhaus auf dem Land) mietet, kann man sich selbst verpflegen. Sonst wohnt man im Hotel.

Auf der Halbinsel Crozon kann man hoch über der Brandung die Steilküste entlang wandern.

Sehr schön sind die alten bretonischen Pfarrbezirke mit Kirche, Beinhaus und den kunstvoll gemeißelten Steinkreuzen. Hier im Bild St-Thégonnec.

Entlang der felsigen Küste stehen viele Leuchttürme. Einige kann man besichtigen.

Von St-Malo aus kannst du mit dem Schiff in die Bucht von Dinan fahren und weiter flußaufwärts bis nach Dinan.

*Galettes* (Buchweizenpfannkuchen) mit Marmelade und dazu *cidre* (leichten Apfelwein) mußt du mal probieren!

In vielen Orten, wie hier in Locronan, finden noch die alten *pardons* (religiöse Umzüge) statt. Leute in traditionellen Trachten tragen dabei Kerzen, Fahnen und Heiligenbilder.

In Dinan gibt es ein Museum, in dem bretonische Volkskunst ausgestellt ist.

Typisch für die bretonische Tracht sind die Spitzenhauben, die sonntags z.B. in Pont-L'Abbé getragen werden.

Bei Carnac stehen auf einem Feld Tausende von frühgeschichtlichen Kultsteinen, Menhire oder Hinkelsteine genannt.

Von Vannes aus kann man einen Schiffsausflug machen. Das Meer ist voller Fischerboote und kleiner Inseln.

Die Bretagne liegt im Nordwesten Frankreichs.

La Baule hat einen 5 km langen Sandstrand.

# Geschichte – Teil I

Vor langer Zeit lebten die Menschen in Höhlen.

40.000 v.Chr.

Mit Kohle, Tierfett und zerstoßenen Beeren malten sie Bilder ihrer erbeuteten Tiere an die Felswand.

Die ersten Siedler waren keltische Stämme, Gallier genannt. Nach ihnen hieß das Land Gallien. Die Kelten breiteten sich bis nach Spanien, in die Türkei und auf die britischen Inseln aus.

Vercingétorix war ein erfolgreicher Anführer der Gallier gegen die Römer. Schließlich wurde er doch von Cäsar besiegt, und die Römer besetzten Gallien.

## Eindringlinge

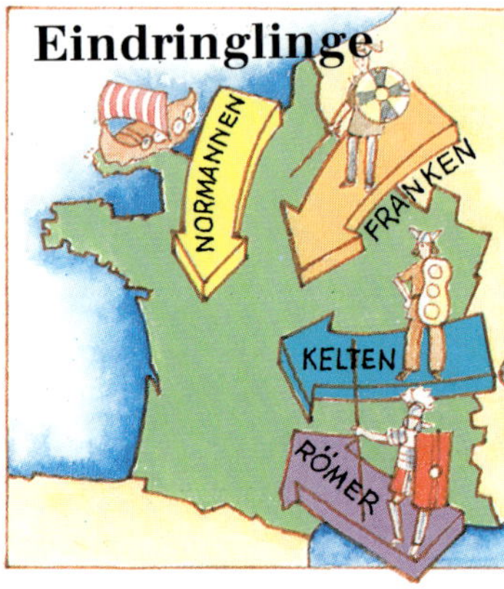


Diese Karte zeigt, von wo die fremdem Stämme und Armeen kamen. Die Römer verbreiteten sich als einzige Eroberer über ganz Gallien.

Die Römer gründeten Städte, bauten Straßen, Brücken, Wasserleitungen und bewirtschafteten das Land.

Die Römer wurden schließlich von den Franken besiegt. Ihr König Chlodwig I. nannte sein neues Land Frankreich.

Karl der Große eroberte den größten Teil Europas und wurde zum Kaiser gekrönt. Später teilte sich das Land in ein westfränkisches (Frankreich) und ein ostfränkisches Reich (Deutschland).

Wikinger kamen in Booten übers Meer und besiedelten Nordfrankreich. Sie wurden Normannen genannt.

Nach der Schlacht bei Hastings wurde ihr Herzog Wilhelm (genannt »der Eroberer«) auch König von England.

## Die Römer in Gallien

Überall in Gallien hinterließen die Römer ihre Spuren – bis heute.

In diesem Theater wird noch gespielt. Die Akustik ist so gut, daß man selbst Flüstern verstehen kann.

Die Römer haben weit verzweigte Wasserleitungen angelegt. Dabei wurden auch Flüsse überquert – mit solchen Aquädukten.

Auf diesem steinernen Torbogen sind Bilder von den Kämpfen zwischen Römern und Galliern.

In der Maison Carrée, einem Tempel, wurden Gottesdienste gefeiert.

An Gebäuden in Nîmes findet man dieses Zeichen – ein Symbol für den Sieg der Römer in Ägypten.

In diesem römischen Theater wird im Juli ein Volkstanzfest gefeiert.

In dieser Arena wurden Gladiatorenkämpfe abgehalten.

Rund um diesen Obelisk fanden Wagenrennen statt.

### Römische Straßen

Die Römer bauten viele breite, schnurgerade Straßen in Gallien.

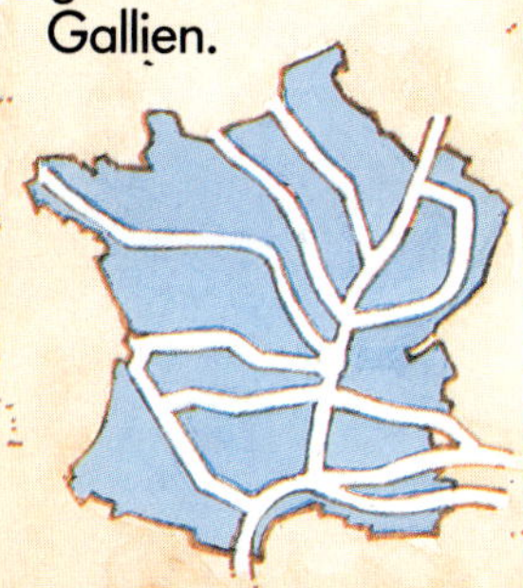

Auf ihnen marschierten die Soldaten in alle Teile des Landes.

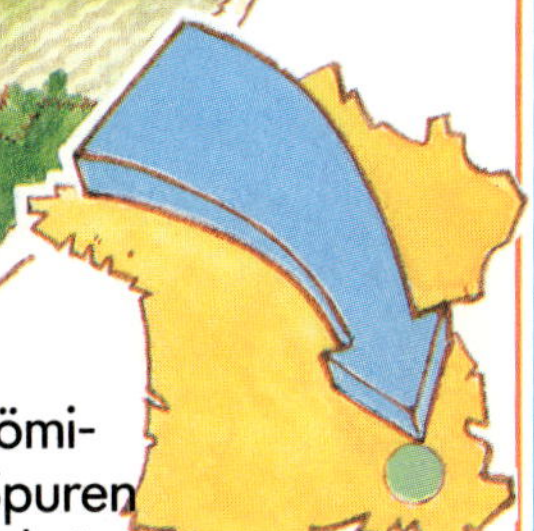

Diese römischen Spuren findest du in Südfrankreich.

## Der Teppich von Bayeux

Harold II. wird zum König gekrönt. Ein Komet erscheint am Himmel. Das gilt als schlechtes Zeichen.

Wilhelm nimmt den Helm ab, um seinen Männern zu zeigen, daß er lebt.

Ein Pfeil durchbohrt Harolds Auge. Er stirbt sofort.

Der 70 m lange und 50 cm hohe Wandteppich von Bayeux erzählt die Geschichte, wie der normannische Herzog Wilhelm den englischen König Harold besiegte und selbst zum König von England gekrönt wurde.

Weiter in der Geschichte auf der nächsten Seite.

# Geschichte – Teil II

Die folgenden 500 Jahre werden als Mittelalter bezeichnet. In den verschiedenen Teilen Frankreichs regierten Könige und Herzöge, die sich oft gegenseitig bekriegten. Schließlich herrschte nur noch ein König über ganz Frankreich.

König Ludwig IX. galt als ein so guter Mensch, daß er »Ludwig der Heilige« genannt wurde. Er pflegte im Wald unter einer Eiche zu sitzen, und die Armen kamen und baten um Rat.

## Die Schlösser an der Loire

Entlang dem Fluß Loire liegen viele *châteaux* (Schlösser und Burgen). Zuerst wurden die Schlösser als Burgen gebaut, mit Wassergraben und Zugbrücke. Später baute Franz I. prächtige Paläste und Jagdschlösser, wie er sie in Italien kennengelernt hatte.

Ussé sieht aus wie ein Märchenschloß und liegt mitten im Wald. Kein Wunder, daß erzählt wird, hier habe Dornröschen 100 Jahre geschlafen.

Das Schloß Chinon besteht aus drei Festungen. Jeanne d'Arc, die Jungfrau von Orléans, kam zum König und sagte ihm, Gott habe von ihr verlangt, das Heer gegen die Engländer zu führen.

Frankreich führte den »Hundertjährigen Krieg« gegen England. Das Mädchen Jeanne d'Arc ritt an der Spitze der französischen Armee, und es gelang ihr, das von den Engländern belagerte Orléans zu befreien. Später wurde sie gefangengenommen und als Hexe auf dem Scheiterhaufen verbrannt.

Ludwig XIV. (1638–1715) wurde bereits mit 5 Jahren Thronfolger. Er nannte sich »Sonnenkönig«, weil er wie die Sonne über seinem Volk erstrahlen wollte. In Versailles bei Paris ließ er einen prächtigen Palast bauen.

Mit dem Sturm der armen Leute auf das Staatsgefängnis Bastille begann die Französische Revolution. König Ludwig XVI. wurde 1792 abgesetzt und bald darauf, wie seine Frau Marie-Antoinette, zum Tode verurteilt.

Langeais wurde als Festung mit dicken Türmen und Zugbrücke gebaut. Von hier hat man einen schönen Ausblick auf die anderen Schlösser.

Das Schloß Blois ist wegen seines wunderschönen, reichverzierten Treppenhauses einen Besuch wert.

Hier befinden sich die Loire-Schlösser.

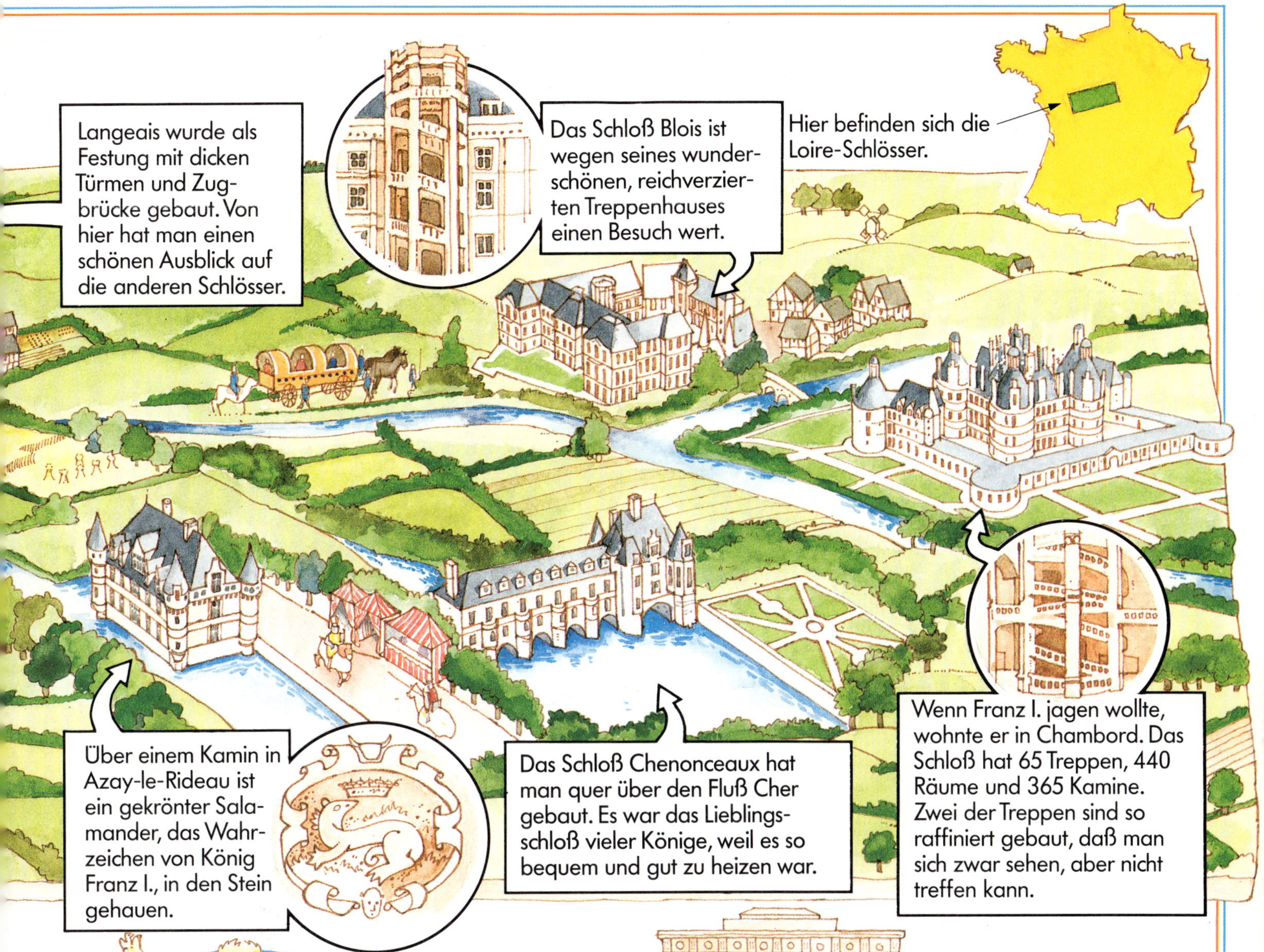

Über einem Kamin in Azay-le-Rideau ist ein gekrönter Salamander, das Wahrzeichen von König Franz I., in den Stein gehauen.

Das Schloß Chenonceaux hat man quer über den Fluß Cher gebaut. Es war das Lieblingsschloß vieler Könige, weil es so bequem und gut zu heizen war.

Wenn Franz I. jagen wollte, wohnte er in Chambord. Das Schloß hat 65 Treppen, 440 Räume und 365 Kamine. Zwei der Treppen sind so raffiniert gebaut, daß man sich zwar sehen, aber nicht treffen kann.

Zuerst ein einfacher Soldat aus Korsika, krönte sich Napoleon Bonaparte (1769-1821) später selber zum Kaiser. Er hatte halb Europa erobert, bevor er 1815 in der Schlacht von Waterloo von den Preußen und Engländern besiegt wurde.

Frankreich wurde im I. und II. Weltkrieg von Deutschland angegriffen. General Charles de Gaulle (1890–1970) war im II. Weltkrieg ein Führer der Widerstandsbewegung. Später als Staatspräsident begründete er gemeinsam mit Kanzler Adenauer die deutsch-französische Freundschaft.

## Neue Gleichheit auch für Maßsysteme

Früher gab es viele verschiedene Maßeinheiten. Das nützten die Händler aus, um die Leute zu verwirren und zu betrügen.

Nach der Revolution sollte durch die Einführung von Franc, Gramm, Liter und Meter alles vereinfacht werden.

# Paris

Paris, die Hauptstadt Frankreichs, ist eine aufregende Stadt. Die breiten Straßen dort heißen *boulevards*, aber es gibt auch schmale Gassen mit Cafés auf den Bürgersteigen. Mitten durch Paris, unter vielen alten Brücken hindurch, fließt die Seine. An ihren Ufern gibt es Flohmärkte und Verkaufsstände für Bücher.

Dieser rote Stern auf der Karte weist auf gute Aussichtspunkte hin.

Sternförmig führen zwölf Straßen zum Arc de Triomphe. Dieser Triumphbogen wurde zum Andenken an Napoleons Siege gebaut.

Die Champs-Elysées ist die berühmteste Straße von Paris. Hier findest du Kinos, Restaurants und Läden, weiter unten Parkanlagen auf beiden Seiten.

Die Place de la Madelaine mit ihrem bunten Blumenmarkt.

Diesen Obelisk brachte Napoleon als Souvenir aus Ägypten mit. Er steht auf dem Place de la Concorde, dort wo Ludwig XVI. und Marie-Antoinette geköpft wurden.

Auf dem See in den Tuilerien kannst du Modellboote schwimmen sehen.

Der steinerne Soldat unter der Alma-Brücke wird als Hochwassermarke benutzt. Wenn das Wasser steigt, bekommt er nasse Füße. Einmal stieg ihm das Wasser bis zum Hals.

Der Pont Alexandre III. ist geschmückt mit alten Lampen und steinernen Statuen.

Von einem *bateau-mouche* (Ausflugsschiff) aus siehst du Paris von seiner schönsten Seite.

In diesem Gebäude, dem Invalidendom, ist Napoleon begraben. Er liegt im innersten von sechs Särgen. Das Hôtel des Invalides ist ein altes Militär-Krankenhaus.

Der Eiffelturm war 1889, als er zum 100. Jubiläum der Französischen Revolution gebaut wurde, mit seinen 320 m das höchste Gebäude der Welt. Du kannst mit einem Aufzug bis zur Spitze fahren.

Die Oper ist eines der größten Theater der Welt. Ein riesiger Kronleuchter im Inneren wiegt sechs Tonnen – so viel wie ein Elefant.

In den Gäßchen des Künstlerviertels Montmartre lebten und arbeiteten einst berühmte Maler wie Picasso und Renoir. Auch heute prägen Künstler das Gesicht des Quartiers. Auf dem Place du Tertre kannst du in wenigen Minuten dein Porträt malen lassen.

Die Kirche Sacré-Coeur kannst du auf zwei Arten erreichen: entweder mit einer Zahnradbahn oder über die Treppen.

Dieser gigantische Globus heißt Géode. Er befindet sich in La Défense am Stadtrand. Innen ist ein Kino mit einer riesigen gekrümmten Leinwand, die dich in den Film hineinversetzt.

Das ist das Centre Pompidou. Wie Adern laufen hier Wasser-, Luft- und Elektroleitungen am Gebäude entlang. Innen gibt es ein Museum und eine Kunstgalerie, außen Straßenkünstler und verrückte Springbrunnen.

Der Louvre war früher ein königlicher Palast. Seit der Revolution dient er als Museum. Eine riesige Pyramide aus Glas steht in einem der Höfe. Die berühmte Mona Lisa hat schon Millionen von Touristen angelächelt.

Paris heißt nach dem Keltenstamm der Parisier, die hier auf der Insel siedelten. Später bauten die Römer die Stadt aus und nannten sie Lutetia.

Notre-Dame ist der Mittelpunkt von Paris und damit von Frankreich. Napoleon krönte sich hier 1804 selbst zum Kaiser. Bekannt wurde diese Kirche auch durch den Glöckner Quasimodo.

Der Pont Neuf (neue Brücke), früher ein Akrobaten-Treffpunkt, ist heute die älteste und bekannteste Brücke.

In Paris gibt es viele verzierte Plakatsäulen mit Veranstaltungshinweisen.

Die *crotinette* ist ein Motorrad der Stadtreinigung, spezialisiert auf Hundedreck.

Auf der Ile-St-Louis liegt Berthillons, eine bekannte Eisdiele.

# Feste und Gebräuche

Die Franzosen feiern zahlreiche Feste nach althergebrachter Art. Darunter sind viele religiöse Feiertage wie Weihnachten und Ostern. Der katholische Glaube ist die Hauptreligion. Es gibt überall in Frankreich regionale Feste, hauptsächlich zur Erntezeit.

## Die Feste im Jahr

◀ Am Dreikönigstag wird ein besonderer Kuchen gegessen. Wer die darin versteckte Bohne findet, läßt sich an diesem Tag als König oder Königin feiern.

◀ Beim Wenden von Pfannkuchen hält man eine Münze in der Hand. Das soll Glück und Geld für ein ganzes Jahr bringen.

▲ Menton ist berühmt für seine Zitronenbäume. Bei einem Umzug werden Figuren, ganz aus Zitronen, herumgetragen.

## Taufe

◀ Zur Taufe bekommen die Gäste *dragées*. Das sind gezukkerte Mandeln.

## Geburtstag

◀ Viele Kinder tragen den Namen eines Heiligen. So feiern sie ihren eigenen Geburtstag und den Namenstag.

## Hochzeit

◀ Die meisten Paare feiern zweimal. Sie werden vom Bürgermeister im Rathaus getraut, dann heiraten sie in der Kirche.

## Beerdigung

Auf die Gräber von Freunden und Verwandten werden Chrysanthemen gelegt.

◀ Um sich Glück zu wünschen, schenkt man sich Maiglöckchen.

In Saintes-Maries-de-la-Mer gibt es ein Zigeunerfest. Eine Statue der heiligen Sarah wird ins Meer getragen. ▶

## Trachten

In vielen Gegenden wird bei Volkstänzen die traditionelle Tracht getragen.

Viele Trachten haben farbige Muster und phantasievolle Hüte.

Die Erinnerung an den Sturm auf die Bastille wird Tag und Nacht mit Straßenfesten gefeiert. Höhepunkt ist ein Feuerwerk.

## Das Baskenland

Die Basken leben in den Pyrenäen, dem Gebirge, das Frankreich und Spanien verbindet. Sie haben ihre eigene Sprache und Traditionen, Tänze, Lieder und Spiele. Im baskischen Museum in Bayonne kannst du dich darüber informieren.

In Bayonne gibt es im Juli ein Straßenfest mit Stierkämpfen und Volkstanz.

Die Tänze sind sehr farbenfroh und turbulent. Meistens tanzen Männer in Trachten. Dabei machen sie oft gewaltige Luftsprünge.

Dieses Spiel heißt *pelota.* Mit einem großen Handschuh aus Weidengeflecht werden Bälle gegen eine Wand geschleudert.

In Espelette werden im Januar auf einem Markt *pottoks* (wilde Bergponys) verkauft.

In Laressoe werden Schwerter für baskische Folklore-Tänze hergestellt.

Baskische Kirchen haben oft drei Kreuze auf dem (dreiteiligen) Turm, wie hier in Gotein.

In Mauléon werden *espandrilles* (Stoffschuhe) hergestellt.

So sieht die baskische Flagge aus.

Das Baskenland ist hier. Ein Teil davon gehört zu Spanien.

Die Männer tragen gewöhnlich schwarze Baskenmützen, nur zum Tanzen rote.

Einen lustigen Pferdetanz kannst du im August in Tardets sehen.

▲ In den Weingegenden wird die Ernte mit Tänzen und Weinproben gefeiert.

◀ Viele Familien gehen an Weihnachten zur Mitternachtsmesse. In Südfrankreich werden lebendige Lämmer neben die Krippe gelegt.

Dieser Schokoladenbaumstamm ist der traditionelle Weihnachtskuchen. ▼

Mit einem Hupkonzert um Mitternacht begrüßen die Autofahrer das neue Jahr. ▶

# Läden und Märkte

Die Franzosen kochen gerne mit frischen Zutaten. Deshalb kaufen sie täglich im kleinen Laden um die Ecke ein. Viele gehen nur einmal pro Woche in den Supermarkt. Die meisten Läden – besonders im heißen Süden – schließen mittags für zwei Stunden.

## Beim Bäcker

*Boulangerie* ist die Brotbäckerei, *pâtisserie* die Konditorei. Die Franzosen essen am liebsten Weißbrot. Da es frisch am besten schmeckt, kaufen sie ein- bis zweimal täglich Brot. Die Brotsorten werden nach ihrer Form bezeichnet.

### Kuchen statt Brot

Als Königin Marie-Antoinette hörte, daß die Leute kein Brot hätten, sagte sie:

»Sollen sie doch Kuchen essen.« Später wurde sie hingerichtet.

## Beim Metzger

Für die verschiedenen Fleisch- und Wurstsorten gibt es besondere Metzger.

▲ Eine *boucherie* verkauft frisches Fleisch,

▲ eine *charcuterie* verarbeitetes Fleisch, also Wurst, Pasteten usw.,

▲ eine *boucherie chevaline* Pferdefleisch. Du erkennst diesen Laden am Schild.

## Markttag

Die meisten Städte haben Wochenmärkte. Dort gibt es alles mögliche zu kaufen. An vielen Ständen kann man Obst und Gemüse erst mal probieren.

### Französisches Geld

Es gibt *francs* und *centimes*. 100 centimes ergeben einen franc.

Auf den Geldscheinen sind Bilder berühmter Franzosen. Die 20-Franc-Note zeigt den Komponisten Claude Debussy.

Hier einige Münzen.

# Sport, Spiel und Freizeit

In Frankreich gibt es ein vielfältiges Freizeitangebot.

- Hier kannst du als Zuschauer teilnehmen
- Hier kannst du selbst mitmachen

## Boules

Boules ist ein traditionelles Spiel, das auf jedem ebenen Untergrund gespielt werden kann. Jeder Spieler wirft zwei Metallkugeln nach einer kleinen Holzkugel, dem *cochonnet* (Schweinchen).

## Lohnende Ziele

Hier werden einige Sehenswürdigkeiten empfohlen. Bei manchen gibt es besondere Angebote für Kinder.

## Parkanlagen

Viele Schlösser haben schöne, oft geometrisch angelegte Parks.

◀ Der Park von Schloss Villandry hat drei Terrassen, wie vor 300 Jahren, als Ludwig XIV. regierte.

Im Park von Giverny findest du die Brücke und den Lilienteich, die der berühmte Maler Monet oft gemalt hat.

## Freizeitparks

Die Freizeitparks haben meist ein Thema aus der Wissenschaft, der Geschichte oder der Phantasiewelt von bekannten Comicserien.

▲ Im Asterix-Park nahe bei Paris kannst du Asterix den Gallier mit Obelix und seinen Freunden treffen. Sie leben in einem Dorf, das genauso aussieht wie auf den Bildern der Asterix-Bücher.

## Bergbahnen und Seilbahnen

In den Alpen bringen Bergbahnen, Seilbahnen und Lifte die Wanderer und Skifahrer hoch hinauf in die Berge.

Diese Seilzugbahn ▶ in St-Hilaire-du-Touvet ist die steilste Europas.

◀ Die Seilbahn in Chamonix am Mont Blanc hat in 3862 m die höchste Bergstation der Alpen.

## Höhlen

Die meisten Höhlen sind in Südfrankreich.

◀ In Lascaux II sind die Kopien steinzeitlicher Höhlenmalereien zu sehen.

▲ Den größten Stalagmiten der Welt findest du in der Höhle von Aven Armand. Bei Padirac kannst du auf einem unterirdischen Fluß Boot fahren.

Im Januar kommen die besten Rallyefahrer Europas zur Rallye Monte Carlo.

## Nationalparks

Weitgehend unberührte Wälder, Berge, Flüsse und Seen kannst du in den Nationalparks bewundern.

Weiße Wildpferde und schwarze Rinder leben in der Camargue, einem großen Sumpfgebiet. *Gardians* (berittene Hirten) bewachen die für den Stierkampf bestimmten Stiere.

# Berühmte Leute

Die Ideen, Werke und Taten vieler berühmter Französinnen und Franzosen haben nicht nur Frankreich, sondern die Weltgeschichte geprägt. Die hier vorgestellten Persönlichkeiten stammen aus den letzten 200 Jahren. Zwei davon sind natürlich keine wirklichen Menschen.

Claude Debussy (1862-1918) war Pianist und Komponist. Er schrieb die bekannte Melodie »Au clair de la lune«.

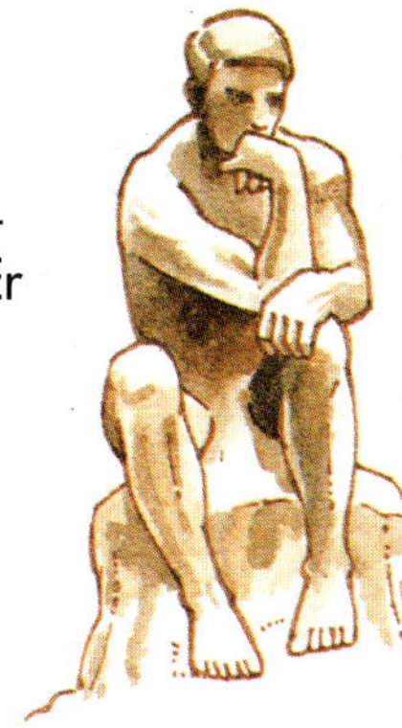

◀ Auguste Rodin (1840-1917) war Bildhauer. Viele seiner Werke sind im Rodin-Museum in Paris zu sehen, darunter auch diese Skulptur, genannt »Der Denker«.

◀ Charles Blondin war Seiltänzer. Er überquerte 1859 auf dem Seil die Niagarafälle in Nordamerika.

◀ Charlotte Corday (1768-1793) ist als Mörderin berühmt-berüchtigt geworden. Sie erdolchte Jean-Paul Marat, einen Führer der Revolution, in seiner Badewanne. Dafür wurde sie auf der Guillotine enthauptet.

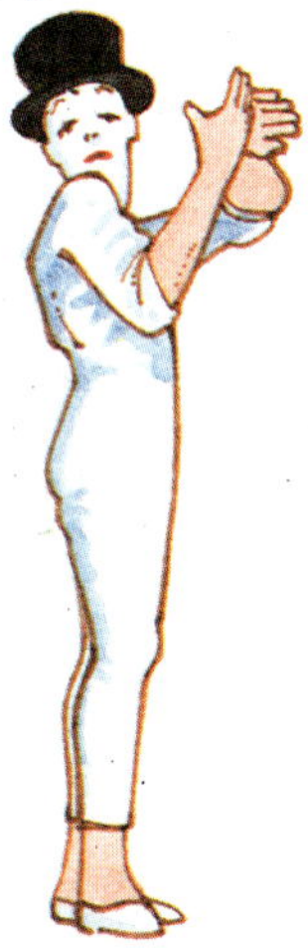

Marcel Marceau (geb. 1923) ist ein berühmter Pantomime. Er ist vor allem in der Rolle des weißgeschminkten Clowns Pierrot bekanntgeworden.

◀ Coco Chanel (1883-1971) entwarf elegante Damenmoden. Für sie wurde das weltberühmte Parfüm »Chanel No 5« geschaffen.

◀ Auf vielen Briefmarken und Münzen ist eine junge Frau namens Marianne abgebildet. Sie ist die Symbolfigur der französischen Republik. Eine Statue von ihr steht in jedem Rathaus.

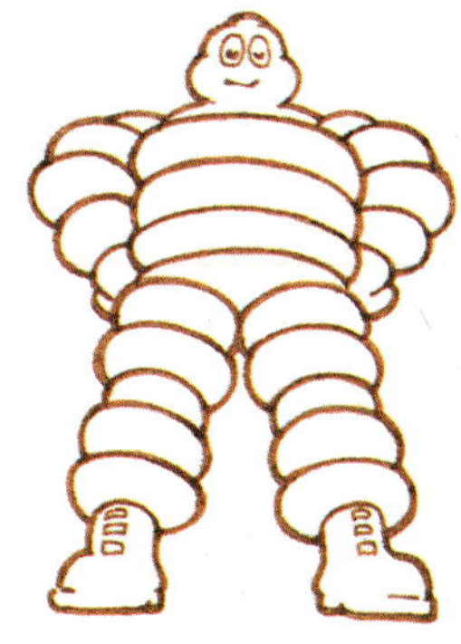

Das Michelin-Männchen ist das Zeichen der Reifenfirma Michelin. Man sieht es oft an Tankstellen, auf Lastwagen sowie auf Landkarten und Reiseführern.

## Die Impressionisten

Um 1870 gab es in Paris und in Südfrankreich eine Gruppe von Malern, die Impressionisten. Sie wollten auf ihren Bildern nicht die Wirklichkeit abbilden, sondern ihre Eindrücke davon (auch »Impressionen« genannt) wiedergeben.

Auguste Renoir (1841-1917), einer dieser Maler, zeigt auf seinen Bildern Menschen in ihrer Freizeit, z.B. im Theater, in der Natur oder beim Tanzen.

Edgar Degas (1834-1917) ist bekannt für seine Bilder von Ballett-Tänzerinnen und von Pferderennen. Viele Bilder der Impressionisten sind im Orsay-Museum in Paris zu sehen.

## Schriftsteller

Jean de La Fontaine (1621-1695) wurde bekannt durch seine Tierfabeln. »Die Grille und die Ameise« erzählt von der fleißigen Ameise und der lebenslustigen Grille, die nur musiziert.

Victor Hugo (1802-1885) schrieb viele Romane. Am bekanntesten wurde (auch durch Verfilmungen) »Der Glöckner von Notre-Dame«, die traurige Geschichte des buckligen Quasimodo, der sich in die schöne Esmeralda verliebt.

## Filmstars

In den sechziger Jahren war Brigitte Bardot (geb. 1934) eine beliebte Schauspielerin. Damals war sie berühmt durch ihren Schmollmund und ihre tolle Figur, heute wegen ihres Kampfes für bedrohte Tiere.

Jacques Tati (1908-1982) war Regisseur und Schauspieler zugleich. Er drehte viele Filmkomödien und spielte selbst in der Hauptrolle den Tolpatsch »Monsieur Hulot«.

## Erfinder

Selbst im Alter von drei Jahren erblindet, erfand Louis Braille (1809-1852) die Blindenschrift. Mit ihrer Hilfe können Blinde mit den Fingern lesen, indem sie geprägte Punkte abtasten.

Louis Pasteur (1822-1895) war Chemiker. Er erforschte die Wirkung von Bakterien. Noch heute nennt man das Verfahren »Pasteurisieren«, bei dem durch Erhitzen die Bakterien in der Milch abgetötet werden.

Marie Curie (1867-1934) und ihr Mann Pierre(1859-1906) vollbrachten bahnbrechende Forschungen für die Atomtheorie. Sie entdeckten die radioaktiven Elemente Polonium und Radium (Nobelpreis für Physik 1903).

Louis (1864-1948) und Auguste (1862-1954) Lumière erfanden den »Cinématographe«, den ersten Filmprojektor. Sie drehten auch den ersten Film, der in einem Kino gezeigt wurde (1895).

Jacques Cousteau (geb. 1910) entwickelte die »Aqualunge«, ein geniales Atemgerät für Tiefseetaucher und drehte viele Filme über seine Forschungen und Abenteuer unter Wasser.

## Sportler

Michel Platini ist Frankreichs bekanntester Fußballer. Er war bisher dreimal »Europäischer Fußballer des Jahres«.

Einer der berühmtesten Skifahrer ist Jean-Claude Killy. Er gewann 1967 alle vier Worldcup-Titel und bei den Olympischen Winterspielen 1968 drei Goldmedaillen.

# Sehenswürdigkeiten

In der Nähe von Paris gibt es eine Reihe von interessanten Orten zu besichtigen.

In Chantilly steht ein wunderschönes Wasserschloß. Als bei einem Essen für Ludwig XIV. der frische Fisch ausging, war der Koch darüber so verzweifelt, daß er sich das Leben nahm.

Im Museum von Beauvais kannst du sehen, wie Wandteppiche gemacht werden. Man hängte sie früher als Wandschmuck und gegen Zugluft auf.

Fast 200 Jahr alt sind einige der Ausstellungsstücke im Spielzeugmuseum von Poissy.

Das Schloß von Fontainebleau liegt am Rand eines ausgedehnten Waldes. Die Könige pflegten es als Jagdschloß zu benutzen.

Die gotische Kathedrale von Chartres ist berühmt für ihre Glasfenster aus dem 12. und 13. Jahrhundert. Besonders das blaue Glas leuchtet selbst an trüben Tagen.

## Versailles

▲ Versailles ist die größte Schloßanlage der Welt. Ludwig XIV. ließ sie bauen, um seine Macht und Bedeutung zu zeigen. Zu seinem Hofstaat gehörten Tausende von Adligen und Dienern.

Der Park des Schlosses ist riesig. Königin Marie-Antoinette spielte dort gerne Schäferin in einem kleinen Bauernhaus. Es gibt viele Springbrunnen mit märchenhaften Steinfiguren. ▼

▲ Im Spiegelsaal gab der König seine prächtigen Feste. Eine Wand besteht fast nur aus großen Spiegeln.

Überall im Schloß kann man das von Sonnenstrahlen umrahmte Bild des »Sonnenkönigs« sehen. ▶

## Weitere interessante Orte

### Arromanches

In Arromanches landeten im II. Weltkrieg die alliierten Truppen der Engländer und Amerikaner. Dies war einer der entscheidenden Wendepunkte des Krieges. Im Invasionsmuseum kannst du mehr über die schrecklichen Kämpfe von damals erfahren.

### Blois

In Blois kannst du die Schokoladenfabrik der bekannten Marke Poulain besichtigen. Sicher gibt's etwas zu probieren.

### Lyon

Im Puppenmuseum von Lyon gibt es eine Menge interessanter »Köpfe«. Die wichtigste Figur ist der Guignol. Er soll ein ewig betrunkener Tunichtgut aus Lyon gewesen sein.

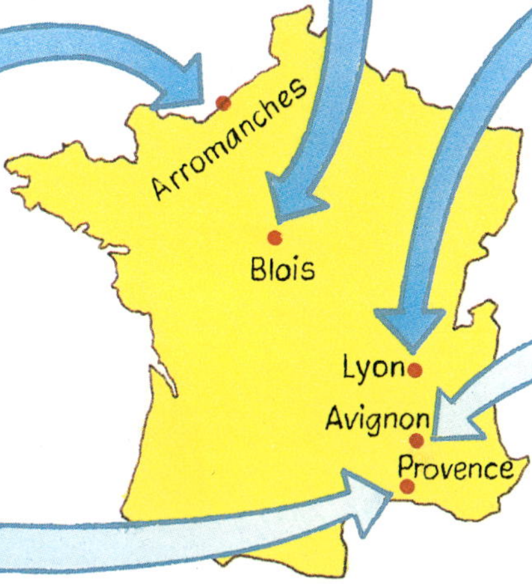


### Avignon

»Sur le Pont d'Avignon« (Auf der Brück' von Avignon) ist ein bekanntes Volkslied. Heute drängeln sich die Touristen auf den Überresten der alten Steinbrücke.

Der alte Stadtkern von Avignon wurde im Mittelalter erbaut. Eine Zeitlang war in der Burg der Sitz des Papstes (von 1309-76 residierten die Päpste in Avignon).

### Provence

In der Provence kannst du zusehen, wie aus Ton kleine, bemalte Figuren hergestellt werden. Man nennt sie *santons*, und sie stellen entweder Krippenfiguren oder Landleute wie Milchmädchen oder Bauern dar.

### Ton- und Lichtshows

An schönen Sommerabenden veranstalten viele Schlösser *Son et Lumière* (Klang und Licht). Mit Musik, Licht und Schauspiel wird die Vergangenheit wieder heraufbeschworen.

### Weinkeller

In den Weingegenden kann man die unterirdischen Räume besichtigen, in denen der Wein gelagert wird. In der Champagne sind sie so riesig, daß man mit einem kleinen Elektrozug gefahren wird.

### Reisetagebuch

In ein Notizbuch kannst du Souvenirs einkleben: Briefmarken, Eintrittskarten, Etiketten von Getränken, Fahrkarten, Postkarten usw.

# Wissenswertes

Frankreich ist eine demokratische Republik. Es gilt die Verfassung der V. Republik von 1958. Die Erklärung der Menschenrechte von 1789 und die Grundsätze der Gewaltenteilung sind hier wie in allen demokratischen Ländern noch heute gültige Grundideen.

Alle sieben Jahre wird in direkter Wahl der Präsident gewählt. Sein Bild hängt in jedem Rathaus. Hier ist es François Mitterand.

◀ Das Parlament wird aus der Nationalversammlung und dem Senat gebildet und für alle 9 bzw. 5 Jahre gewählt. Auf dem Bild siehst du die Deputiertenkammer, Sitz der Nationalversammlung.

Die *Tricolore* (dreifarbig) in Blau, Weiß und Rot wurde in der Revolution zur Nationalflagge. ▶

Die Nationalhymne heißt *Marseillaise*, so genannt, weil sie zuerst von den Soldaten aus Marseille gesungen wurde.

## Sprache

Französisch ist eine romanische Sprache, die sich aus dem Latein der Römer in Gallien entwickelt hat. Es gibt allerdings auch noch andere Sprachen: in den Pyrenäen wird baskisch gesprochen, in der Bretagne bretonisch und im Elsaß auch elsässisch (eine alemannische Dialektform des Deutschen).

## Produkte

Frankreich hat mehr Landwirtschaft als jedes andere Land Europas. Am wichtigsten sind Weizen, Gerste, Weintrauben und Äpfel. Obst, Gemüse, Wein und Parfüm werden in großen Mengen exportiert.

Besonders im Nordosten gibt es viel Industrie. Die wichtigsten Exportartikel sind Maschinen, Flugzeuge und Autos.

Der längste Eisenbahntunnel, der Eurotunnel, wird gerade unter dem Ärmelkanal gebaut. Er soll ab 1993 zwischen Calais und Dover England mit dem Festland verbinden.

Der größte Atomkraftwerks-Komplex der Welt in Cattenom ist bereits teilweise in Betrieb. Schon jetzt ist Frankreich das Land mit den meisten AKWs in Europa.

Auch das einzige Gezeitenkraftwerk der Welt in der Bretagne erzeugt Strom, allerdings völlig risikolos und ohne gefährliche Abfälle.

## Regionen

Frankreich ist aufgeteilt in 22 Regionen, deren Namen und Grenzen zum großen Teil aus dem Mittelalter stammen.

Zu Frankreich gehören außerdem die vier Übersee-Départements Guayane Française, Guadeloupe, Martinique, La Réunion sowie einige weitere Überseegebiete.

*In Klammern stehen deutsche Namen, soweit sie gebräuchlich sind.*

## Nummernschild-Spiel

An den beiden letzten Zahlen des Nummernschilds sieht man, aus welchem Département das Auto kommt. Ein Spiel, das du in deinem Frankreich-Urlaub machen kannst: Lege eine Liste der Département-Nummern an. Hake sie ab, wenn du ein entsprechendes Auto siehst. Wer am Ende die meisten Departements »abgehakt« hat, ist Sieger.

## Rätsel

Mit Hilfe des Autonummern-Verzeichnisses kannst du den jeweils ersten Buchstaben des Départements herausfinden. Wenn du sie richtig ordnest, läßt sich daraus der Name einer bekannten Ferienregion bilden.

69 08 33 91 13
58 81 27

## Départements

Die Gliederung in Départements wurde 1740 eingeführt. Viele dieser 95 »Landkreise« haben ihren Namen von dem Fluß, der sie durchfließt. Dies ist das Nationalitäts-Kennzeichen für Frankreich:

F

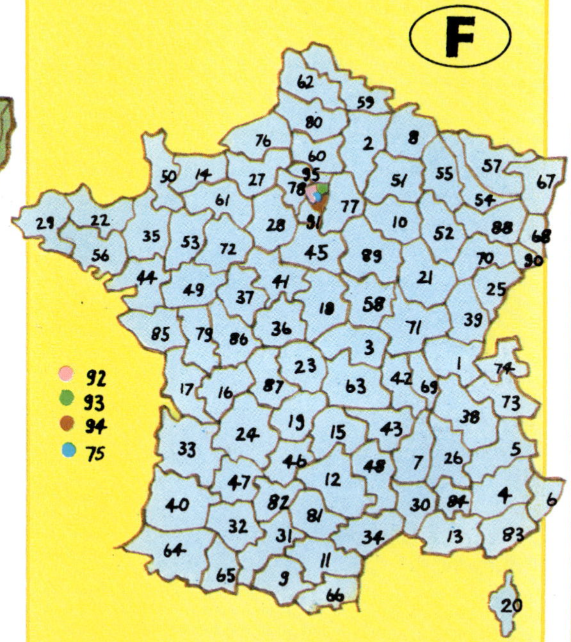


01 Ain
02 Aisne
03 Allier
04 Alpes de Haute-Provence
05 Hautes-Alpes
06 Alpes-Maritimes
07 Ardèche
08 Ardennes
09 Ariège
10 Aube
11 Aude
12 Aveyron
13 Bouches-du-Rhône
14 Calvados
15 Cantal
16 Charente
17 Charente-Maritime
18 Cher
19 Corrèze
20 A Corse-du-Sud
20 B Haute-Corse
21 Côte d'Or
22 Côtes-du-Nord
23 Creuse
24 Dordogne
25 Doubs
26 Drôme
27 Eure
28 Eure-et-Loire
29 Finistère
30 Gard
31 Haute-Garonne
32 Gers
33 Gironde
34 Hérault
35 Ille-et-Villaine
36 Indre
37 Indre-et-Loire
38 Isère
39 Jura
40 Landes
41 Loir-et-Cher
42 Loire
43 Haute-Loire
44 Loire-Atlantique
45 Loiret
46 Lot
47 Lot-et-Garonne
48 Lozère
49 Maine-et-Loire
50 Manche
51 Marne
52 Haute-Marne
53 Mayenne
54 Meurthe-et-Moselle
55 Meuse
56 Morbihan
57 Moselle
58 Nièvre
59 Nord
60 Oise
61 Orne
62 Pas-de-Calais
63 Puy-de-Dôme
64 Pyrénées-Atlantiques
65 Hautes-Pyrénées
66 Pyrénées-Orientales
67 Bas-Rhin
68 Haut-Rhin
69 Rhône
70 Haute-Saône
71 Saône-et-Loire
72 Sarthe
73 Savoie
74 Haute-Savoie
75 Ville de Paris
76 Seine-Maritime
77 Seine-et-Marne
78 Yvelines
79 Deux-Sèvres
80 Somme
81 Tarn
82 Tarn-et-Garonne
83 Var
84 Vaucluse
85 Vendée
86 Vienne
87 Haute-Vienne
88 Vosges
89 Yonne
90 Territoire de Belfort
91 Essonne
92 Hauts-de-Seine
93 Seine-Saint-Denis
94 Val-de-Marne
95 Val-d'Oise
96 Territoire d'Outre-Mer

# Register




Originaltitel: »First Book of France«
Aus dem Englischen von Susanne Härtel
Redaktion der Originalausgabe: Cheryl Evans
Wir danken Annick Dunbar sowie Christine Fenley (Französisches Fremdenverkehrsbüro) für ihre Unterstützung
Das »Asterix«-Bild erscheint mit freundlicher Genehmigung

Umschlaggestaltung: Atelier Langenfass, Ismaning

Printed in Belgium

ISBN 3-7607-4537-7

CIP-Titelaufnahme der Deutschen Bibliothek

Somerville, Louisa:
Frankreich für Kinder: Land und Leute kennenlernen/
Louisa Somerville.
Unter Mitarbeit von Béatrice Rios und Camille Pataut.
Illustriert von Roger Fereday. (Aus dem Englischen von Susanne Härtel). – München: Ars-Edition, 1990
Einheitssacht.: First book of France <dt.>
ISBN 3-7607-4537-7

94 93 92 91　　5 4 3 2

mit Spaß ENTDECKEN

Sachbücher für Kinder und Jugendliche

ISBN 3-7607-4509-1

ISBN 3-7607-4510-5

ISBN 3-7607-4511-3

ISBN 3-7607-4533-4

ISBN 3-7607-4512-1

ISBN 3-7607-4534-2

ISBN 3-7607-4523-7

ISBN 3-7607-4531-8

ISBN 3-7607-4522-9

ISBN 3-7607-4532-6

ISBN 3-7607-4516-4

ISBN 3-7607-4517-2

ISBN 3-7607-4518-0

ISBN 3-7607-4556-3

ISBN 3-7607-4572-5

ISBN 3-7607-4555-5

mit Spaß ENTDECKEN

Sachbücher für Kinder und Jugendliche

ISBN 3-7607-4519-9

ISBN 3-7607-4520-2

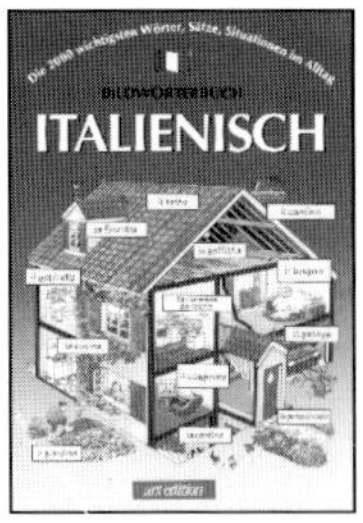

ISBN 3-7607-4535-0

ISBN 3-7607-4521-0

ISBN 3-7607-4536-9

ISBN 3-7607-4557-1

ISBN 3-7607-4558-X

ISBN 3-7607-4559-8

ISBN 3-7607-4560-1

ISBN 3-7607-4561-X

ISBN 3-7607-4500-8

ISBN 3-7607-4501-6

ISBN 3-7607-4502-4

ISBN 3-7607-4503-2

ISBN 3-7607-4563-6

ISBN 3-7607-4537-7

ISBN 3-7607-4562-8

ISBN 3-7607-4569-5